Henri Joly

L'Anarchie scolaire

Essai

Le code de la propriété intellectuelle du 1er juillet 1992 interdit en effet expressément la photocopie à usage collectif sans autorisation des ayants droit. Or, cette pratique s'est généralisée dans les établissements d'enseignement supérieur, provoquant une baisse brutale des achats de livres et de revues, au point que la possibilité même pour les auteurs de créer des œuvres nouvelles et de les faire éditer correctement est aujourd'hui menacée. En application de la loi du 11 mars 1957, il est interdit de reproduire intégralement ou partiellement le présent ouvrage, sur quelque support que ce soir, sans autorisation de l'Éditeur ou du Centre Français d'Exploitation du Droit de Copie , 20, rue Grands Augustins, 75006 Paris.

ISBN : 978-1986443241

10 9 8 7 6 5 4 3 2 1

Henri Joly

L'Anarchie scolaire

Essai

Table de Matières

L'Anarchie scolaire

Le mot d'anarchie qu'on vient de lire en tête de cette étude est-il excessif ? Ce mot désigne habituellement un état de choses où il n'y a pour personne ni direction, ni sécurité, où chacun est censé pouvoir faire tout ce qu'il veut et où nul ne voit quel fruit il est assuré de retirer de ses tentatives : donc tout le monde marche à l'aventure et se décourage ; chacun se défie de son voisin : il n'y a que les amateurs de choses louches qui aient lieu d'éprouver quelque satisfaction.

Notre état scolaire offre-t-il l'exemple d'un pareil désordre ? Beaucoup le pensent, et ce jugement ne date pas d'hier. Consultons l'enquête de 1899, non pour abriter paresseusement nos opinions derrière celles d'autrui, mais pour reconstituer une suite historique et pour comparer à ce qui était demandé ce qui a été fait. Voici comment parlait M. Lavisse : « Nous sommes affligés dans l'Université d'un faux parlementarisme : ni autorité d'une part, ni liberté d'autre part ; c'est un régime tout à fait singulier, bâtard, et qui suffirait à lui seul pour créer le malaise dont nous souffrons. » Sans même avoir eu le temps de lire dans la sténographie la déposition de son collègue, M. Alfred Croiset se plaignait, lui aussi, qu'il n'y eût plus dans les lycées et les collèges ni autorité, ni direction ; et il ajoutait : « Il me semble aussi, chose qui paraît contradictoire et qui ne l'est pas du tout, qu'il y a un manque de liberté, d'initiative. Cela m'a été dit de tous les côtés. » Impossible d'avoir un avis plus net, émané de plus hautes autorités.

Quelques lecteurs bien au courant des antécédents m'arrêteront peut-être ici : « Il ne s'agissait là sans doute, observeront-ils, que du régime du personnel enseignant, des rapports entre proviseurs et professeurs… » Admettons-le ; voudrait-on nous persuader qu'une telle anarchie pût être délimitée, qu'elle ne fût pas l'effet, le prolongement des hésitations d'un pouvoir changeant, indécis, ou agissant presque toujours dans des vues étrangères au bien propre de la chose dont il est amené à s'occuper ? Contestera-t-on qu'elle ait dû ensuite être la cause de l'embarras des familles et de l'ahurissement des élèves ? En tout cas, il n'y a qu'à regarder ce qui se fait et à écouter ce qui se dit à l'heure présente. Tout le monde se plaint. L'enseignement supérieur accuse l'enseignement secondaire de lui envoyer des élèves insuffisants. « Le mal, si mal il y a, est au lycée, — écrivait tout récemment le plus optimiste de tous ceux qui ont élevé la voix dans les controverses de l'année, — nous souffrons de la faiblesse d'étudiants mal préparés auxquels nous sommes obligés d'enseigner les premiers éléments ou, chose pire encore, de faire désapprendre ce qu'ils ont appris au lycée.[1] » L'enseignement secondaire, à son tour, accuse l'enseignement' supérieur de créer le mal en s'ouvrant indistinctement à tout venant, en faisant de l'ancienne Ecole normale (*normale*, songez à l'étymologie et au vrai sens de l'expression) une simple hôtellerie, assez mal tenue, affirme-t-on, en abaissant le niveau de ses examens et de ses concours, en imposant ainsi aux lycées des maîtres qui ne savent pas ce que c'est qu'un adolescent, en sacrifiant à des nouveautés curieuses et à une sorte de luxe d'érudition soumis lui-même aux caprices de la mode le fonds permanent et intransformable de la vie intellectuelle. Mais l'enseignement primaire, lui aussi, prend part à la lutte : « Vous ne faites pas à nos enfants la place qui leur a été promise et qui leur est due, » dit-il à l'enseignement secondaire. Celui-ci répond : « Nous en recevons déjà beaucoup trop ; car c'est pour nous forcer de nous ouvrir plus largement à vos recrues, séduites par des promesses trompeuses, qu'on a désorganisé toutes nos formations et tous nos cadres. »

Ainsi, de tous les côtés s'engagent des discussions passionnées. Des ligues se forment, indépendantes de toute action, soit de l'État, soit du personnel enseignant. Les pouvoirs publics ont à peu près tout fait, — et ils ne demandent pas mieux que de faire le reste, — pour supprimer toute liberté d'enseignement. Les coups portés par eux à leurs concurrents, qu'ils appellent si souvent leurs ennemis, ne leur ont en rien profité. La discorde et la panique ont gagné leurs propres troupes, qui tirent les unes sur les autres.

∗ ∗ ∗

Le problème à résoudre était-il donc si difficile ? Difficile » oui, assurément, comme tout ce qui doit servir à former ou à réformer et à conduire des êtres humains ; mais enfin, essayons de trouver

---

1 *Revue hebdomadaire* des 14 et 21 janvier 1911. Articles de M. F. Brunot, professeur à la Sorbonne et maire du XIVe arrondissement.

les données essentielles et de les voir telles quelles sont.

Qu'est-ce que les générations avancées déjà dans la carrière doivent et devront de plus en plus aux générations appelées par elles à la vie ? Avant tout, les moyens de subsister par l'exercice bien compris d'une profession suffisamment lucrative. Les démocraties antiques ont essayé de se reposer sur leurs esclaves du souci du travail matériel. Inutile de rappeler qu'aujourd'hui, comme, au reste, depuis des siècles, le peuple, — souverain ou non, — doit gagner sa vie lui-même.

Quand l'asile paternel était stable, quand les enfants se savaient inscrits d'avance dans une profession où tout était réglé, l'instruction se réduisait presque toute à l'apprentissage et à la pratique des métiers. Les traditions oralement transmises achevaient de former l'homme, de l'adapter à son milieu, de le diriger dans les luttes collectives. Elles l'aidaient dans les moments de misère, malheureusement trop accrus par les inconvénients, par les excès surtout de la localisation des efforts, de la localisation des différents genres de production et des différents genres de commerce. Depuis plus de cent ans, toute recherche de travail, tout essai d'amélioration, sont devenus, comme chacun sait, individualistes ; c'est à peine si, depuis quelques années, nous entrevoyons un retour à l'esprit d'association et à un régime de travail organisé. Le champ de l'industrie s'est, il est vrai, considérablement étendu ; mais en même temps tout s'y divise et s'y subdivise, tout s'y renouvelle indéfiniment. Les difficultés sont donc en quelque façon toujours renaissantes. Quelques esprits enthousiastes de la science ont pu croire, à plusieurs reprises et à l'exemple de Descartes, que les forces de la nature vaincue et domestiquée remplaceraient l'esclavage et feraient marcher toutes seules « les métiers de nos artisans. » Mais la machine n'a tant facilité certains travaux et satisfait à meilleur compte certains besoins que pour provoquer des besoins nouveaux et pour réclamer par conséquent des efforts nouveaux. Elle-même se modifie tous les jours et il faut qu'on s'ajuste à ses exigences réitérées. Sait-on bien si c'est elle qui est la servante de l'ouvrier, ou si ce n'est pas, au contraire, l'ouvrier qui est, non seulement son « servant, » mais son esclave ? De plus, l'intensité de la production qu'elle favorise crée des crises périodiques ; et en même temps, la suppression de ces localisations dont nous parlions a rendu les échanges universels : c'est, à beaucoup d'égards, un très grand bienfait, mais qu'il faut payer par les surprises d'une concurrence également universelle.

De tout ceci résulte que l'instruction du peuple doit être avant tout dirigée vers le travail productif. Sans doute, il faut qu'il puisse calculer, de manière à bien comprendre la valeur de ce qu'on lui offre et à aménager prudemment ses ressources : il faut qu'il sache assez de géographie et d'histoire élémentaires pour pouvoir se rendre compte ou se faire utilement rendre compte de certains mouvements qui l'intéressent dans les grands faits politiques et commerciaux de son époque. Puis, enfin, il est homme : on nous permettra de dire qu'on n'a pas le droit de l'écarter violemment ou perfidement des consolations qui se mettent à sa portée, et auxquelles le cœur des enfants s'ouvre de lui-même. Ce dernier souci mis à part et réservé, si l'on veut, à la liberté des familles, tout l'enseignement que nous venons d'esquisser doit tendre à l'utilité pratique. Il doit avoir en vue de rendre l'exercice de la profession plus sûr, plus facile à perfectionner, plus fructueux par conséquent. Il le faut, parce que c'est là une nécessité qu'on ne brave point sans multiplier les déceptions individuelles et les désordres sociaux.

Mais qui dit utilité pratique dit aussi utilité bien déterminée, et d'une portée sinon immédiate, du moins aussi rapprochée que possible. Il est donc fort à désirer que l'enseignement donné à ceux qui ont besoin de vivre de leur travail soit, en général, préparé, facilité par les connaissances puisées dans le milieu où l'enfant est né et qu'elles le préparent à s'y assurer à son tour une place avantageuse. Qu'on lui apprenne à faire intelligemment ce qu'il aurait fait par imitation ou par routine, nul n'y contredira. Qu'il puisse changer plus tard, nul n'y contredira davantage ; mais s'il ne le fait pas à l'aveugle, ce sera presque toujours en se servant d'une expérience acquise en un métier auquel il aura été préparé de bonne heure et directement, sans quoi il ne pourrait se dire bon à tout qu'en n'étant en réalité bon à rien, si ce n'est à des essais sans suite, sans méthode et sans efficacité.

Ne confondons pas le point de départ qui, à notre avis, s'impose presque toujours, avec le point d'arrivée, qui est libre, ou qui tout au moins peut varier selon les circonstances et selon les efforts des gens. Le point de départ, qui est en même temps un point d'appui, ne peut être que délimité : le parti qu'on en peut tirer dans l'avenir ne l'est pas. Dire que l'enfant doit tout d'abord être fortement imprégné des idées, des sentiments, des ressources de sa famille et de sa classe comme de sa province, ce n'est pas nécessairement lui fermer tout autre horizon ; c'est lui faire la provision de lest qui lui est nécessaire pour s'élever plus haut. Les meilleures aristocraties se sont toujours enrichies d'hommes qui leur apportaient, avec la conscience de leurs mérites personnels, les vertus formées et appliquées dans la classe dont ils sortaient. Ces derniers venus renouvelaient périodiquement, par un apport de qualités techniques, la classe dans laquelle, après les étapes nécessaires, ils venaient de pénétrer.

Dans les différentes sections du monde du travail, il en est de même. Le nouveau n'est jamais si nouveau qu'il ne s'appuie sur les expériences et sur les acquisitions de l'ancien. Lorsque la marine s'est transformée par la vapeur et par la cuirasse, elle a si bien trouvé ses meilleurs marins dans le personnel de la voile, qu'elle a voulu assez longtemps entretenir des survivants du vieux système, uniquement pour conserver tout ce qu'avait de bon le service désormais remplacé. Le directeur d'une grande école d'imprimerie exposait de même que la linotypie donnait surtout de bons résultats entre les mains de ces compositeurs qu'on aurait pu croire appelés à une retraite définitive, de même que les omnibus trouvent leurs meilleurs chauffeurs parmi les cochers qui savaient le mieux conduire leurs chevaux.

Il n'y a donc que des avantages pour l'avenir comme pour le présent, à apprendre aux futurs travailleurs un seul métier, celui qui est le plus à leur portée et à faire qu'ils le connaissent très bien. Tous les hommes de bon sens s'accordent à penser qu'on ne saurait, sans un pédantisme périlleux, distribuer le même enseignement aux populations agricoles et aux populations industrielles, aux populations minières et aux populations commerçantes, aux populations des pays de vignobles et à celles de la Beauce ou de la Brie. Un recteur, qui voyait quelquefois très juste quand la fureur anticléricale ne l'aveuglait pas, demandait, dans la grande enquête, qu'un certain enseignement secondaire visant à l'utilité fût divisé en trois catégories, l'agricole, l'industrielle et la commerciale. A combien plus forte raison devrait-il en être ainsi dans l'enseignement primaire. A la vérité, tout le monde, ou peu s'en faut, le reconnaît en théorie. Mais renoncer à l'uniformité serait renoncer à la centralisation, aux rêves du monopole, à la politique de tracasserie envers tout ce qui représente une liberté. Aussi cet idéal est-il périodiquement célébré... et sacrifié par ceux qui tiennent en mains les destinées de notre enseignement.

Craint-on qu'à cette conception terre à terre s'opposent notre amour obstiné de l'égalité et ce qu'il y a peut-être d'inévitable dans certaines poussées socialistes ? Mais d'abord, il n'y a rien de plus funeste à l'égalité rêvée que l'uniformité. La seule égalité possible dans le monde des intérêts positifs et dans les trois quarts et demi de la vie sociale, c'est celle qui provient de la diversité, car c'est cette diversité qui, en multipliant les aptitudes et les compétences distinctes, les soustrait à la brutalité d'une même mesure appliquée à tous. Quand tous affrontent uniformément le même certificat, on ne peut pas nier les inégalités qui séparent les reçus et les refusés, puis les premiers et les derniers de la liste. Qu'on facilite l'acquisition de divers talents professionnels, sans doute on ne supprimera jamais complètement la supériorité des uns et l'infériorité des autres, mais on les atténuera et, ce qui n'est pas à dédaigner, on les dissimulera ; car si l'on peut classer les travailleurs d'une même industrie, comment classer ceux de deux, de trois industries différentes, mais toutes nécessaires et par conséquent honorables ? Comment comparer, par exemple, un mineur à un vigneron ou un charpentier à un pêcheur ? C'est un des principes les mieux établis de Darwin, que plus les êtres se ressemblent, plus entre eux la concurrence est vive ; c'est en se distinguant qu'ils se procurent de quoi soutenir la lutte avec moins de désavantage et moins de dangers pour les uns comme pour les autres. C'est ainsi que la nature maintient l'équilibre, sinon la paix entre ses espèces. La nôtre a évidemment une ressource de plus dans le concours et l'aide mutuelle, mais elle n'échappe pas pour cela aux fatalités de la concurrence ; si elle travaille à les écarter ou à les désarmer, c'est bien la preuve qu'elle les sent toujours menaçantes. Or, son meilleur moyen, c'est de substituer à la revendication de l'égalité le culte de l'harmonie. Celle-ci mérite d'autant plus la préférence qu'elle est, elle, absolument nécessaire et que l'égalité ne l'est pas. De plus, la recherche de l'égalité pour l'égalité est tout ce qu'il y a de plus fait pour rompre l'harmonie. L'harmonie, là où elle règne, facilite singulièrement la solution du problème de l'égalité : on peut presque dire qu'elle le supprime, pour l'avantage de tous ; car par une action d'ordre moral elle rétablit l'équivalent de l'égalité là où la nature avait commencé par imposer l'inégalité.

Quant au socialisme, on ne peut nier que, tout en conservant ses allures déclamatoires et en affectant de préparer une démolition complète de l'ordre social, il n'est pas sans avoir reconnu et sans propager certaines vérités fort pratiques. Il y aurait lieu de l'en féliciter davantage si, avec ses habitudes révolutionnaires, il ne prenait plaisir à tout exagérer. Non seulement les têtes du parti n'ont plus à l'égard du bourgeois ce genre de jalousie qui tendrait à vouloir faire de leurs enfants à eux des bourgeois de demain, mais ils s'en défendent énergiquement. Non contents d'honorer leur classe, ils tiennent à la préserver de toute compromission et ils veulent pour elle un système d'éducation strictement adapté à sa mentalité, à ses besoins, à ses moyens de développement autonome. A leur tour, ils se défient des écoles de l'Etat centralisé où, disent-ils, on pratique un simulacre d'embourgeoisement avec la vanité de la « petite science et l'anticléricalisme de M. Homais. » Ce sont là des expressions qui se trouvent textuellement dans les brochures de la Bibliothèque socialiste (devenue depuis peu Bibliothèque prolétarienne) et dans les fascicules du *Mouvement socialiste*. Aux syndicats de maîtres d'écoles du gouvernement ils voudraient opposer des écoles des libres syndicats, préparant leurs élèves à la pratique perfectionnée de l'industrie dont le syndicat surveille et défend les intérêts. Songent-ils à l'exemple des États-Unis où le maçon, le plafonneur, le menuisier gagnent 120 francs par semaine, alors que les employés de bureau doivent se contenter, au maximum, de 50 ou 75 francs ? Et cet exemple les encourage-t-il à renverser en quelque sorte la vieille hiérarchie ? C'est possible : en tout cas, ils font tout ce qu'ils peuvent pour arriver à des résultats analogues. Plus ils se flattent de s'en rapprocher, plus ils jugent inutile de préparer leurs enfants à ces emplois que des superstitions tenaces font encore ambitionner chez nous à un trop grand nombre de médiocrités.

Il y a donc beaucoup à recueillir, en faveur de notre thèse, dans ces visées mêmes où, par un singulier retour de la logique

« immanente, » des socialistes intelligents se rencontrent avec le plus conservateur des hommes, avec Frédéric Le Play. L'accord serait encore plus précieux, — sur ce terrain spécial s'entend ! — si les chefs du mouvement ouvrier s'appliquaient à maintenir l'enfant, non seulement dans la classe ouvrière en général, mais dans la profession familiale. Dans un milieu héréditaire, la continuité d'un contact essentiellement actif avec la réalité fait que les expériences s'accumulent, se transmettent et se rectifient. Il y a donc tout un ensemble de notions dont la portée peut s'étendre par des comparaisons et des analogies dont le bon sens populaire est loin d'être incapable. Le vrai rôle de l'instituteur devrait être de seconder cet effort en l'empêchant de s'égarer, plutôt que d'y substituer cet esprit qu'on a si bien caractérisé par ces deux mots : le dogmatisme de l'ignorance. Les idées du vrai professionnel doivent accepter bon gré mal gré le contrôle de l'action. Aussi le langage même de ces milieux s'enrichit-il, de génération en génération, non pas de mots d'argot ou de mots de fantaisie, mais de mots empruntés au commerce de la nature vivante, à la résistance ou à la docilité des matériaux à ouvrer, aux imperfections à corriger dans le travail ou aux qualités à y montrer pour l'honneur de la profession. Ce vocabulaire quelque peu réaliste, mais original, et plein de sève, vaut largement, pour la finesse des aperçus et pour la sûreté du jugement, le langage abstrait de l'école uniforme. Vouloir couler tous les enseignements primaires dans le même moule, confier tous les enfants à des instituteurs assujettis de leur côté aux mêmes programmes et aux mêmes manuels, c'est séparer l'organisation intellectuelle de la jeunesse de la vie héréditaire ; c'est affaiblir gravement, c'est presque anéantir en elle ce trésor où les meilleurs de nos écrivains, les La Fontaine, les George Sand, les François Coppée ont été si bien inspirés et si heureux d'aller puiser. La vraie langue, la bonne langue, — qui ne le sait ? — se fait par la collaboration du peuple qui invente et des académiciens qui adoptent, expliquent, rectifient. Elle est surtout gâtée par les demi-savants et les demi-lettrés.

∗ ∗ ∗

Voilà donc une première nécessité : mettre à la portée de tous ceux qui ont besoin de gagner leur vie par le travail manuel un enseignement pratique, adapté aux ressources comme aux exigences du milieu familial et régional.

Voici maintenant la seconde : à cette foule souvent très en peine de trouver au jour le jour la satisfaction de besoins urgents, assurer une élite qui renouvelle les conditions d'existence de l'ensemble entier de la société. Celui-là même qui ne voudrait s'inquiéter que des intérêts de la vie positive devra reconnaître qu'on ne peut point se passer d'une élite. Les ruraux savent tous que s'ils n'introduisaient pas de temps à autre dans leur bétail et dans leur culture des sujets de choix, bêtes et plantes auraient vite fait de dégénérer et de retourner à cet étal de sauvageons d'où les avaient tirées des sélections intelligentes. Il en est de même pour toutes les formes de l'industrie humaine.

Mais, dira-t-on, cette élite se forme toute seule. Il est inévitable qu'en toute profession se révèlent des travailleurs mieux doués, plus attentifs… Ceux-là occupent les premiers rangs et entraînent les autres à leur suite ! — Ceci est vite dit : la réalité est un peu plus complexe.

Non ! il ne suffit pas qu'un homme s'élève au-dessus de ceux de son groupe pour que cette supériorité, toute relative, fasse de lui le bienfaiteur de ses compagnons de travail ; car si cette supériorité est trop facilement acquise, elle est, en somme, étroitement bornée. La plupart du temps, ce premier ouvrier est lui-même trop esclave de son métier pour pouvoir faire beaucoup plus que de mieux s'accommoder et de mieux profiter personnellement des procédés accoutumés. C'est pourquoi on voit tant de populations garder pendant des siècles les moyens d'action les plus primitifs et les coutumes les plus arriérées. C'est à peine si les Arabes d'Algérie et de Tunisie commencent, — sous l'attrait de nos exemples et beaucoup plus encore sous la pression de ceux de nos compatriotes qui les emploient et qui les paient, — à se servir d'une autre charrue que la charrue de bois. Et celle-ci, n'est-elle pas encore en usage dans la Sicile et dans tout le Sud de l'Italie continentale ? Il y a cependant là des gens qui savent se tirer d'affaire mieux que les autres et qui constituent, tant bien que mal, l'élite de leurs concitoyens. Mais, la plupart du temps, ceux qui aspirent à quelque chose de mieux voient leur principale ressource dans l'émigration.

Quand des populations sortent enfin de ces errements, c'est presque toujours sous l'action d'un homme qui, élevé dans d'autres principes, guidé par d'autres méthodes, vient leur apporter des connaissances puisées à des sources plus 'hautes. Est-ce que les grands progrès de l'agriculture ne sont pas dus presque tous à la chimie, à la physiologie végétale, à la mécanique, à la zootechnie, comme les progrès de la navigation sont dus à l'astronomie et à la physique, comme les progrès les plus surprenants de la médecine et de la chirurgie ont été dus à un homme qui n'était ni chirurgien, ni médecin, mais qui fut conduit à la découverte des microbes par des recherches où ne semblaient d'abord intéressées que les controverses philosophiques pour ou contre la génération spontanée ? Ne confondons pas les élites strictement professionnelles avec ce qu'il est permis d'appeler l'élite sociale. Celle-ci sert incontestablement à élever de plus en plus celles-là ; mais elle ne les élève que parce qu'elle a commencé par les dépasser ; Et en quoi les dépasse-t-elle ? En ceci, qu'elle est composée d'hommes ayant su sortir utilement d'un cercle restreint d'expériences et de vérités pour retrouver la série de celles qui les éclairent. Cette élite-là ne semble attachée à aucun intérêt particulier : elle est à même de les servir tous, précisément parce qu'elle cherche, trouve, explique des idées très générales et quelle en fait sortir des conséquences imprévues d'elle-même, soit pour un art, soit pour un autre, soit pour plusieurs à la fois.

Certains ouvriers d'aujourd'hui, à grandes prétentions et à vues courtes, ont été jusqu'à dire : « C'est nous qui faisons les locomotives, c'est donc nous qui devrions en retirer le produit intégral. » Braves gens ! C'est vous qui les fabriquez, mais sur des calculs, sur des combinaisons, sur des pians qui ont coûté bien des travaux d'une autre nature que les vôtres ! Sans ces efforts-là, votre machine ne serait plus que de la ferraille. Supposons néanmoins qu'à force d'en avoir forgé, surveillé, ajusté, fait manœuvrer toutes les pièces, vous soyez arrivés à pouvoir les construire à vous seuls. Vous remercierez donc plus ou moins poliment les ingénieurs d'hier, comme les capitalistes et les entrepreneurs, et vous parviendrez à livrer la locomotive d'aujourd'hui. Soit ! Mais celle de demain, — qui est inévitable — qui vous la donnera ? Ne savez-vous pas qu'elle devra sortir de quelque grimoire algébrique ? Ne savez-vous pas qu'elle résumera des centaines d'ébauches où se seront usés des travailleurs du cerveau ? Ne savez-vous pas que des constructeurs, des électriciens, des chimistes… que peut-on savoir encore ?… auront dû y collaborer sans peut-être s'en douter ? Mais ce n'est pas tout. Pour solliciter et pour encourager ces derniers, il aura fallu que les relations aient été multipliées, non seulement entre les provinces, mais entre les peuples ; et ici, c'est la civilisation tout entière qui aura donné, avec ses énergies conquérantes, avec les théories de ses économistes, avec l'éloquence de ses hommes d'Etat, avec les aspirations généreuses de ses apôtres, avec la séduction de ses littérateurs et de ses artistes qui, par-delà la beauté de leurs œuvres, font aimer celles de la nature, leurs modèles ! Certes, il arrive à cette élite d'être téméraire, parce qu'elle perd quelquefois le contact avec la réalité pratique : c'est pourquoi il faut toujours lui souhaiter le contrepoids d'élites professionnelles attachées à leur travail quotidien, le connaissant, l'aimant, en étant fières et y trouvant l'indépendance ; mais il est évident que les deux sont nécessaires : la société ne peut, pas plus se passer de l'une que de l'autre.

Si cela est, il faut bien donner à l'une comme à l'autre des moyens de se former. Or, ces moyens ne peuvent pas être les mêmes. Autant l'attention de la première doit être dirigée vers ce qui est immédiatement à sa portée et la sollicite à une tâche spéciale, autant celle de la seconde doit se placer dans le large courant de cette civilisation, dont elle doit élever de plus en plus le niveau pour en mieux répandre l'action fécondante et rénovatrice. C'est dire qu'il lui faut une discipline plus libéralement ouverte et toutefois dirigée par des méthodes qui l'empêchent de s'égarer. Le premier instrument qu'il faut lui forger et qu'il faut lui apprendre à bien manier, c'est la langue, — langue littéraire et langue scientifique, — à l'aide de laquelle elle pénétrera tout d'abord dans les idées précisées et classées par les générations mères de la sienne. C'est là que le jeune français notamment, s'il est convenablement surveillé, exercé, s'assimilera les qualités héréditaires de logique, de clarté, d'élégance qui ont toujours caractérisé les productions de notre génie. D'autres nations ont pu se contenter de l'à peu près, en tirer même d'importants profits en cultivant les contrefaçons, le simili, la fabrication en grand d'objets plus ou moins grossiers et par conséquent peu coûteux. Ils portent les mêmes habitudes dans le monde de l'idée où les contradictions les effrayent si peu qu'ils en font presque l'essence de la vérité. Certains aiment les combinaisons qui les dispensent d'être conséquents avec eux-mêmes et fidèles jusqu'au bout à leurs engagements comme à leurs idées. D'autres se plaisent dans des obscurités qu'ils donnent comme autant de preuves de profondeur. Pas plus par sa langue que par l'ensemble de ses habitudes, le Français qui étudie et qui raisonne n'est l'ami des hérésies : il ne croit ni ne doute jamais à moitié. Il a toujours de la peine à s'accommoder d'un système, du jour où il croit voir qu'il est obligé de le mal juger. Ce sont toutes ces allures combinées qui ont toujours fait de la France le pays des produits nouveaux et des produits de luxe, en quelque ordre que ce soit. Bien imprudente serait-elle de déserter cette mission et d'en assumer une toute différente, pour laquelle apparemment elle est beaucoup moins bien armée, puisque c'est toujours dans l'autre qu'elle a obtenu ses meilleurs succès. Elle aurait d'autant plus tort au moment présent, que, d'un côté, ni ses ressources en matières premières, en agents de transformation (comme la houille) et en accroissement de population, ne lui permettent la fabrication à bon marché par très grandes quantités, et que, d'autre part, la clientèle riche, à laquelle on peut faire aimer les produits de luxe, augmente partout dans l'univers, en même temps que se perfectionnent les moyens d'aller la trouver.

En tout cela, l'élite de notre nation doit être évidemment soucieuse d'étendre, d'assouplir, de corriger tous ses procédés de fabrication, de transport et de vente, elle ne doit rien négliger de ce qui peut lui assurer une situation économique plus forte. Mais n'est-ce pas le moment de rappeler cette parole du grand évêque d'Angleterre, que les nations ne sont pas, après tout, uniquement faites pour allonger des kilomètres de cotonnade et qu'un peuple qui veut conserver dans la civilisation générale un poste d'honneur doit avoir à cœur de répandre les aspirations et les sentiments qui font le prix de la vie sociale ? Il y gagne de faire aimer la langue servant de véhicule à ces productions supérieures ; et il est bien certain que, s'il continue d'y réussir, il en sera payé par un surcroît d'avantages dont ne profitera pas seulement sa fierté nationale. Mais, pour conserver un tel privilège, ne faut-il pas que sa langue soit toujours fidèle à ses meilleures traditions et qu'elle apparaisse clairement comme la continuation des grandes civilisations antiques dont elle est issue ? Notre XVIIe siècle a fait pénétrer victorieusement dans ces cadres, sans les altérer, toute la sublimité de l'esprit chrétien ; le XVIIIe et le XIXe siècle y ont ajouté le sentiment de la vie populaire et le sentiment de la nature, en sachant toujours arrêter à temps ce qu'il y a souvent de maladif dans les utopies de l'un, dans les rêveries mélancoliques de l'autre. C'est cet héritage qui constitue le fonds sur lequel nous devons travailler.

Rappelons enfin que le Français est individualiste. Il l'est même trop, et il faut désirer le voir tempérer cette tournure d'esprit par une pratique rajeunie de l'association. Mais encore une fois, le meilleur moyen de rivaliser avec les qualités d'autrui n'est pas de sacrifier celles qu'on a. Le génie allemand procède par des groupements lentement accumulés, par ces actions de masse où les individus valent surtout par la patience et la discipline avec laquelle ils renforcent tous également la grande poussée collective : il lui suffit que celle-ci soit voulue et dirigée par un très petit nombre. Le génie français compte avant tout sur les coups de maître imprévus de tel ou tel des siens, qui, par une inspiration subite, déconcertera l'adversaire. Il ne réussit peut-être pas beaucoup en ce moment à obtenir de pareils effets dans la politique et dans l'aménagement administratif de ses différentes énergies : celles-ci n'en ont pas moins fait leurs preuves dans la fabrication, si rapide, de ces nouveaux engins industriels ou militaires qui feront époque dans l'histoire de l'humanité. Mais ces héros de la guerre ou de la paix ne sont eux-mêmes que « les premiers dans une élite nombreuse » (comme Sainte-Beuve le disait de la plupart de nos grands littérateurs) : or, cette élite, il faut l'avoir formée eu démêlant le plus possible les qualités individuelles de ceux qui sont capables d'y entrer, en s'appliquant à révéler à l'un et à l'autre ce qu'il peut faire, à quelles conditions, avec quelle dose de confiance et avec quelle surveillance sur soi-même il le fera. N'oublions pas cette méthode toute française ; nous aurons bientôt à y revenir en étudiant les moyens de sortir de l'anarchie dont nous souffrons.

En attendant, tenons pour acquis que ce qui importe ici, ce n'est pas le programme, mais la méthode. La distinction est bien connue, elle mérite qu'on y insiste, car elle est de nature à éclairer d'une très vive lumière les difficultés où nous nous débattons. Un vaste programme peut être enseigné aux jeunes gens avec une méthode qui en limite la portée utile jusqu'à la réduire à zéro : un programme très simple peut être enseigné avec une méthode qui en étendra la portée on peut presque dire indéfiniment. Mais la méthode, tout en comportant des règles générales, a toujours quelque chose de personnel et quelque chose de libre. Or, s'attendre à ce que l'administration centralisée d'un personnel répandu dans quatre-vingt-neuf départements insiste sur la liberté de maîtres ayant amplement fait leurs preuves, ce serait de la naïveté. Qu'il est tentant, d'autre part, de confier à une commission le soin de rédiger des programmes ! Si les premiers n'ont pas donné les résultats attendus, on en trouve d'autres, on en trouvera tant qu'on voudra ! L'arsenal des connaissances humaines est inépuisable, il n'y a qu'à tendre la main pour la retirer toute pleine. On aura toujours des savants prompts à céder à cette illusion de leur amour-propre, qu'il faut bien se garder de laisser ignorer longtemps à la jeunesse tout ce qu'ils out découvert. Quand il s'agit cependant des découvertes des autres, ils s'empressent d'avouer que ce qu'il importe le plus de communiquer aux enfants, c'est la curiosité, c'est le goût de la recherche, c'est l'effort suivi, c'est l'attention éveillée, c'est l'art de tirer l'inconnu du connu ; ne craignons pas d'ajouter : c'est l'amour d'une science enseignée par un professeur qui s'intéresse à ses élèves. Nous verrons dans un instant si on a, nous ne disons pas facilité, mais permis cette dernière condition. Ce qui est certain, c'est qu'on ne parle jamais que des changements de programmes, de la séparation ou de l'unification des programmes, de l'accord ou du désaccord entre les programmes des lycées et le programme des grandes écoles. J'ai retrouvé les traces de cette manie jusque dans cette déposition d'un instituteur, témoin à décharge d'un de ses anciens élèves, qui était entré dans une bande d'apaches : « Il possédait un peu de toutes les questions du programme ! »

* * *

S'il y a en ce moment un malaise reconnu de tant de côtés différents, il est difficile de ne pas se poser cette question : a-t-on bien assuré aux travailleurs de la main et à ceux de l'esprit la formation qu'ils réclamaient ?

Il importe de le rappeler, les plaintes étaient nombreuses avant la réforme si discutée de 1902 ; mais, pour défendre le présent, a-t-on le droit de se retrancher derrière l'existence d'un mal qu'on avait offert de guérir et qu'on a peut-être aggravé ?

En toute hypothèse, notre devoir est ici de retrouver l'enchaînement des symptômes qui peuvent aidera mieux remonter à la cause profonde.

Sans entrer dans le détail de tous les procédés universitaires d'il y a un quart de siècle, questionnons les hommes qui, dans les concours d'agrégation, jugeaient les licenciés de la veille, les bacheliers de l'avant-veille, les maîtres du lendemain. Le principal rapport officiel de 1893 était sévère. Il montrait la connaissance du latin tombée fort au-dessous de celle que possédait un bon bachelier d'avant 1870. — Peut-être les candidats avaient-ils secoué le joug de vieilles superstitions classiques ? Us dédaignaient les périodes cicéroniennes, mais pour s'intéresser ardemment à des littératures dont ils pouvaient partager les émotions ? Alors ils avaient dû charmer leurs juges par leurs fantaisies et par leurs hardiesses heureuses ? — Eh bien ! non, tel n'est pas l'avis du président. Il avoue que quelques rares candidats savent seuls expliquer leurs idées et visent (il ne dit pas parviennent) à la netteté et à l'élégance, mais que les diversités tendent à se fondre dans une médiocrité générale. Bien peu après (1898), le même président rend hommage au travail dépensé dans la préparation technique... de toutes les parties du programme. Mais cet effort a été si lourd qu'il n'a laissé aucun temps pour la composition. Aussi lisons-nous : « Ce qui manque, c'est l'habitude de raisonner et d'aller au fond des choses, c'est la faculté de s'approprier les idées par la netteté de l'expression ; les analyses sont insuffisantes, les appréciations superficielles et non justifiées ou même quelquefois nulles... : ils ne prouvent pas qu'ils comprennent ce qu'ils sentent, et l'accent personnel est absent. Si ces années de travail que demande l'obtention du titre d'agrégé paraissaient n'aboutir qu'à un énervement de l'esprit, on voit quel argument serait fourni aux ennemis de l'enseignement classique. »

Laissons les jugements systématiques et passionnés des ennemis. Consultons plutôt ceux des amis indépendants, ils n'étaient pas sans demander à l'Université un certain nombre de *mea culpa*.

Le vers latin était un exercice dont il était facile de plaisanter. En me rappelant mes souvenirs d'écolier, je suis convaincu qu'il récréait assez utilement les bons élevés et même les élèves passables, qu'il plaisait à leur amour juvénile des combinaisons, des tours d'adresse, des jeux de patience ; en même temps, il leur apprenait à exprimer le plus possible en peu de mots, à peser la valeur des locutions pour trouver le vrai synonyme et la qualification la mieux appropriée. Qu'ils y allassent trop souvent de leurs faux poids, rien de plus certain ; mais n'oublions pas que tout devoir est fait pour être corrigé ; la correction d'un bon professeur faisant sentir avec goût la vanité des à peu près aurait suffi, à elle seule, à justifier le travail qui lui servait d'occasion. Je me rappelle très bien certains condisciples qui n'avaient commencé à aimer le latin et à le pratiquer que du jour où le vers latin les avait distraits de l'esclavage des thèmes et leur avait appris à mieux goûter l'art des poètes. En retour, je crois qu'à l'âge où tout élève s'intéresse aux choses mêmes et se préoccupe, avec un sérieux dont il ne faut pas rire, déjuger tous ceux qui lui parlent et tout ce dont on lui parle, ce petit jeu perdait pour lui ses attraits : j'oserai dire que c'était plutôt un bon signe. Mais, en tout cas, remplacer le vers latin par une étude minutieuse de la métrique a été l'un des symptômes les plus déconcertants de la désorganisation des vraies études classiques par l'invasion d'une érudition dont le moins qu'on puisse dire est que là elle était absolument prématurée et déplacée. « Je tiens entre les mains, disait Georges Picot à la Commission d'enquête, un livre classique dans lequel dix-sept sortes de vers sont scandés, où l'attention de l'élève est appelée avec détails sur les mètres les plus rares, où l'hexamètre de Virgile tient quelques lignes à peine, tandis que l'auteur s'étend sur les diverses formes des cataleptiques, les dimètres, les trimètres, les octonaires pour passer aux anapestiques, aux phérécratiens, aux asclépiades… » J'abrège ; mais les introducteurs de ces chinoiseries, eux, n'abrégeaient pas. Il n'est pas surprenant que les élèves ne se destinant pas, dès le collège, à l'Académie des Inscriptions ou à une chaire du Collège de France se soient demandé ce qu'ils allaient faire dans cette galère. Si on voulait encombrer celle-ci de « science, » ne valait-il pas mieux y évoquer des faits plus accessibles ? ou bien, — mais ceci était plus dangereux, — y faire discuter des théories initiant les jeunes esprits à des problèmes plus émouvants ? Les classes d'histoire et de philosophie ont alors empiété sur l'enseignement supérieur, et trop de jeunes maîtres ont servi à leurs élèves ce qu'ils auraient dû réserver pour leurs thèses de doctorat et pour leurs futures leçons de facultés. On ne voit pas qu'il soit sorti de là de quoi nous orienter plus sûrement dans le domaine de la croyance ou dans celui de l'action politique. Ce qui est plus visible, c'est qu'il est difficile, aux examens du baccalauréat, de trouver un candidat qui puisse expliquer dix vers de Racine ou dix lignes de Bossuet sans faire trois ou quatre contresens. Aucune acquisition solide, aucune formation durable n'ont dédommagé de l'affaiblissement des traditions qui avaient fait les générations précédentes.

A l'autre pôle, on voyait bien les instituteurs des villes et des gros villages monter dans la hiérarchie sociale, mais y monter par la politique. les élèves y ont-ils gagné ? On n'a organisé pour eux ni apprentissage ni préapprentissage. Quant à ces connaissances générales qui devaient émanciper l'électeur et consolider le citoyen en lui donnant la conscience de ses devoirs, on peut mesurer le chemin qu'elles ont fait. Des coups de sonde jetés de plus d'un côté ont révélé la misère de cette instruction affaiblie encore par une diminution surprenante de la régularité scolaire.

A-t-on fait du moins quelque chose de bon pour les couches intermédiaires où doivent se recruter, dit-on, les commerçants, les industriels, les hommes d'action, les hommes nouveaux indépendants de la culture latine, mais prêts à entrer victorieusement dans ces luttes où ce n'est plus Rome et encore moins les Grecs, mais l'Anglo-Saxon et le Germain qui sont les maîtres ? Pour cette clientèle on avait créé l'enseignement moderne ; mais plus on donnait à celui-ci d'ambitions en lui disant que l'avenir était à lui plus on lésinait sur les ressources qu'on mettait à sa disposition. En 1896, un journal universitaire écrivait, sans que nul pût le démentir : « On compte dans une classe moderne (de Paris !) jusqu'à douze professeurs, mis à contribution pour moins de trente élèves de douze à treize ans. » — « C'était un grand luxe ! » direz-vous. Bien mal compris en tout cas ; car ces douze professeurs étaient des maîtres de l'enseignement classique déjà fort chargés et auxquels on demandait de venir tirer chacun à leur tour une voiture à laquelle on n'avait donné aucun attelage approprié. C'est pourquoi l'écrivain compétent pouvait ajouter : « Chaque classe devient ainsi un réceptacle de bouts de services complémentaires pris sur les professeurs n'ayant pas chez eux leur maximum. » En ce qui touche au progrès si désiré des langues vivantes, bornons-nous à rappeler ce court dialogue entendu publiquement en un Congrès dont les comptes rendus furent imprimés. Un membre venait de dire que divers enfants avaient été envoyés par leurs familles en Angleterre ou en Allemagne pendant le temps des vacances, qu'ils en étaient revenus avec une certaine habitude du langage usuel du pays : mais dans le cours de l'année, malgré les classes du lycée, ils avaient perdu le peu qu'ils avaient rapporté de leur séjour. — « C'est la pure vérité, interrompit le président de la Chambre de commerce de Lyon, c'est exactement ce qui est arrivé à mes fils. »

Bref, l'enseignement moderne n'avait encore servi qu'à désorganiser l'enseignement classique quand les pouvoirs publics ouvrirent la grande enquête de 1899.

* * *

Les dépositions, notes et mémoires de cette enquête remplissent cinq gros volumes in-4°. Membres des trois ordres d'enseignement, professeurs, proviseurs, recteurs, maîtres répétiteurs, hommes de lettres, hommes de science, économistes, membres des Chambres de commerce, en un mot tout ce qui pouvait avoir une opinion raisonnée, comparut ou écrivit, le tout sous la présidence active et avisée de M. A. Ribot. A part de rares exceptions qu'on ne peut pas évaluera plus de 6 ou 7 sur 100, toutes ces réponses, par des chemins plus ou moins différents, convergèrent vers les opinions suivantes : 1° L'enseignement classique doit rester plus que jamais l'enseignement d'une élite. Il a grand besoin d'être fortifié, dans sa partie scientifique comme dans sa partie littéraire. Il n'y a d'ailleurs nulle incompatibilité entre ces deux branches, pourvu qu'elles se développent dans l'ordre voulu et que l'inévitable bifurcation ne s'opère pas trop tôt, car il est d'observation constante que les meilleurs élèves de sciences, les mieux classés dans les grandes écoles sont ceux qui ont fait d'abord de bonnes études littéraires.

2° Il faut pour la partie la plus considérable de la nation un enseignement préparant plus vite à la vie active, assez abrégé pour mettre plus tôt le jeune homme en contact avec la profession qu'il doit exercer et à laquelle il doit être suffisamment rompu avant son départ pour le régiment.

3° L'enseignement moderne, tel qu'on l'a organisé, ne rend aucun de ces deux services : et il gêne beaucoup ceux qui pourraient rendre soit l'un, soit l'autre. Il les gêne d'autant plus que, pour des raisons plus politiques que pédagogiques, on a mêlé tous les enseignements à la fois dans les mêmes établissements. Mieux eût valu ou se contenter d'un enseignement primaire supérieur, légèrement amélioré, ou, — ce qui revenait à peu près au même, — garder l'ancien enseignement spécial de M. Duruy, en prenant son parti de la réduction du nombre des années d'études que, malgré les programmes toujours trop chargés, la volonté des familles avait, en fait, imposée presque partout.

Un professeur de province, dont l'enquête a tenu à citer l'opinion, pouvait en effet écrire : « Dans l'enseignement classique, on commence avec 100 élèves en sixième, on finit avec 90 en rhétorique ; dans l'enseignement moderne, on commence avec 100, on finit avec 8. » Ce fait prouve combien est vaine ou plutôt fâcheuse la prétention d'imposer d'un bout de la France à l'autre des programmes uniformes, surtout quand il s'agit d'études à tendances utilitaires. Si aux élèves qui ne veulent rester et qui ne restent en effet que cinq ou six ans, on impose des programmes qui en exigent sept ou huit, tout devient désordonné et incomplet, car tout est décapité. On pourra sans doute trouver dans la minorité fidèle quelques bons échantillons qu'on produira, qu'on mettra même en valeur. Mais qu'adviendra-t-il des autres ? « Ainsi, disait, à l'un des plus éminents de nos inspecteurs généraux, le président de la Commission, vous n'approuvez pas la transformation, qui s'est faite peu à peu et qui s'est achevée en 1891, de l'enseignement spécial en enseignement moderne ? » — « Absolument pas, répondait M. Lachelier, c'est une œuvre fausse et stérile. » Celui qui portait ce jugement passait alors la moitié de son temps à inspecter les études universitaires avec une conscience justement vantée. Les hommes compétents qui ont tenu un pareil langage, en province comme à Paris, ne se comptent pour ainsi dire pas. Sont-ils suspects d'avoir conservé une tendresse mêlée d'amour-propre aux études qui avaient fait les succès de leur jeunesse ? Négligeons donc, — si osé que ce soit — les jugements d'hommes tels que MM. Brunetière, Doumic, Georges Perrot. Allons jusqu'à renoncer à invoquer ceux d'économistes tels que M. Paul Leroy-Beaulieu et Levasseur, déclarant que l'enseignement moderne a été une contrefaçon sans valeur et que la coexistence de cet enseignement et de l'enseignement classique dans les mêmes établissements a considérablement affaibli le premier sans profiter en rien au second. Les bureaux d'administration des lycées et collèges et des associations amicales sont remplis d'hommes qui se sont disséminés dans les professions les plus variées. Or, le rapport d'ensemble où un fonctionnaire résume ces réponses fait entendre le même langage : « Au sujet de l'enseignement classique, les divergences d'opinion sont extrêmement rares ; la majorité incline à ce qu'il soit renforcé. L'enseignement moderne, au contraire, est extrêmement maltraité. Copie maladroite, pastiche ridicule, contrefaçon dangereuse… sont les expressions ordinaires avec lesquelles on le qualifie. Il n'est peut-être pas un seul bureau d'administration qui n'ait demandé, sinon sa suppression, du moins sa transformation radicale. » Les recteurs des académies de Bordeaux, de Caen, de Chambéry, de Clermont, de Montpellier, de Dijon, — pour ne citer que ceux-là — sont exactement du même avis.

Viennent maintenant les Chambres de commerce. Elles estiment en général que l'enseignement moderne n'a servi qu'à augmenter le nombre des fonctionnaires. « *Quelque soit le nom qu'on lui donne,* ce n'est que l'imitation peu heureuse de l'enseignement primaire supérieur. Ce dernier nous plaît par la netteté de sa méthode, de même que par l'évidence de son but, on sait où il va. » Ce témoignage de la Chambre d'Abbeville peut servir de résumé aux observations de celles de Lille, de Roubaix, d'Armentières, d'Arras, de Limoges, et enfin à celles du Havre et de Lyon. Ajoutons que toutes ont soin de recommander qu'on ne touche pas à la liberté d'enseignement.

Si enfin cet ensemble si précis et si concordant ne suffisait pas, on pourrait le couronner par les opinions de quatre anciens ministres de l'Instruction publique appartenant à des partis politiques différents : MM. Wallon, Berthelot, Rambaud et Combes. Bornons-nous à en citer deux qui ont donné aux opinions des uns et des autres une forme plus saillante. Pour M. Berthelot, c'est une véritable « monstruosité morale » que d'avoir des lycées de mille et douze cents élèves où l'on mêle dans une routine uniforme des enseignements qui exigeraient des établissements, des méthodes, des personnels distincts. — « On disait aux partisans des études classiques, s'écriait, de son côté, M. Rambaud : vous faites trop de fonctionnaires, trop d'avocats, il nous faut des commerçants, des industriels ; et, par une singulière contradiction, voici qu'on organise un enseignement qui donne surtout des facilités à ceux qui ambitionnent des fonctions publiques. »

Ainsi, les conclusions de la grande majorité des déposants étaient on ne peut plus claires. Sans doute, on a pu passer sur certaines questions où les compromis sont possibles. Il est permis de différer d'avis sur les sanctions à donner aux divers ordres d'enseignement, en se plaçant, bien entendu, dans l'hypothèse que chacun d'eux serait vraiment organisé, vraiment autonome, vraiment à même de faire valoir le caractère de ses bienfaits. Leur ouvrir également l'accès des écoles supérieures était une proposition qui pouvait rallier des partisans d'esprits d'ailleurs fort différents : à côté de ceux qui voulaient surtout donner un nouvel enseignement jusque-là un peu dédaigné, comme un certificat de nouvelle noblesse, pouvaient se ranger ceux qui tiennent simplement à supprimer tout baccalauréat et laisser aux écoles supérieures le soin de décourager elles-mêmes les étudiants mal préparés. On pouvait discuter aussi sur la durée des études, sur l'âge auquel il fallait commencer le latin, sur la part à faire au grec. Mais enfin, toutes ces compétences si variées s'accordaient bien à réclamer ces deux choses : un enseignement classique consolidé, avec des méthodes plus libérales, avec un respect moins pointilleux de l'initiative professorale et de la liberté des établissements nés du choix des familles ; — en face de lui, un enseignement moins ambitieux, plus pratique, permettant à ses adeptes de demander plus vite à la vie active et à l'une de ses professions la consécration de leurs aptitudes ; — entre les deux, point d'essai d'organisation hybride, point d'essai de fusion nuisant à l'homogénéité et à la vitalité de l'un comme à l'homogénéité et à la vitalité de l'autre.

Encore une fois, voilà en gros ce qu'avaient demandé environ 95 pour 100 des déposants. Qu'a-t-on fait ? A peu près l'inverse !

* * *

Pour être justes, il convient toutefois de distinguer entre ce qu'on a eu l'intention de faire et ce qu'on a fait. Des conceptions parfaitement défendables peuvent être exécutées de manière à n'obtenir aucun succès : c'est peut-être ici le cas. On s'explique donc très bien que tel homme politique, l'honneur de nos assemblées, — j'ai nommé M. A. Ribot, — reste fidèle au principe de la refonte de 1902. Rien ne l'obligea accepter la responsabilité de la mise en œuvre ; s'il s'en déclarait solidaire, nous nous permettrions de dire que ce serait de sa part une générosité toute gratuite.

La première de ces conceptions fondamentales semble avoir été celle-ci : entre deux enseignements qui sont, ou devraient être, l'un très désintéressé, l'autre très pratique, n'y a-t-il pas un vide un peu trop grand ? Ce vide ne doit-il pas être comblé par un enseignement intermédiaire, ne préparant précisément ni des ingénieurs, ni des ouvriers, mais des contremaîtres intelligents, mais des auxiliaires servant heureusement de traits d'union ?

La seconde était la suivante : faut-il, dès le début des études, tracer aux uns et aux autres une voie qu'ils devront suivre invariablement jusqu'au bout ? Ne doit-on pas faciliter, en cours de route, les moyens d'aiguiller, sans trop de secousses, dans une direction nouvelle, mieux appropriée à des aptitudes qui jusque-là n'avaient pas été appréciées exactement ou qui se sont modifiées, ainsi qu'il arrive assez souvent ?

On peut douter que ces deux idées s'imposassent absolument. Dans une société où la liberté d'enseignement et la liberté d'association ne seraient point disputées pied à pied, les moyens de refaire ou d'adapter à des fins nouvelles une éducation trop exclusive ne sauraient faire défaut. On a dit de bien des côtés dans l'enquête de 1899 : un bon élève de l'enseignement moderne peut apprendre le latin en assez peu de temps, si l'envie lui en vient. Assurément, mais les moyens de le faire n'avaient jamais manqué ; les moyens de s'assimiler rapidement le programme scientifique élémentaire avaient encore moins fait défaut aux bons élèves de l'enseignement classique littéraire.[1] On n'allait pas assez au-devant des besoins ou des désirs de changement ? Mais la question est de savoir si cela

---

1   Il existait même à cette fin une classe de mathématiques préparatoires dont la suppression fut généralement regrettée.

était si nécessaire et s'il ne faut pas se borner à venir en aide aux élèves pourvus de motifs et de moyens également sérieux. Ce n'est pas à la fantaisie de ceux qui veulent changer qu'il convient, en France surtout, de sacrifier ceux qui persévèrent. Si les exceptions justifiées sont respectables, encore est-il prudent de ne pas essayer d'en faire la règle.

L'autre idée comportait également des réserves. Les gens de métier auxquels on parle d'écoles préparant des contremaîtres par des leçons orales et par des cours ne manquent pas de sourire. Un contremaître, vous disent-ils, ne se forme qu'à l'atelier. Des études complémentaires lui seront assurément très utiles ; ce sera toujours son expérience active qui en assurera la valeur. Mais si l'atelier fait ainsi ses contremaîtres, pourquoi ces derniers seraient-ils condamnés à s'arrêter là ? La vie rapproche et mêle bien des gens qui, dans leurs jeunes années, ont pu se croire séparés par d'infranchissables distances. Un bon ouvrier, possédant Inintelligence de son métier, n'est donc pas sans y trouver les moyens de s'élever plus haut. On l'a vu, je pense, assez souvent, même sous l'ancien régime et même dans des nations qui n'avaient encore aucun enseignement public. Est-ce que nos industries, les petites surtout, mais quelquefois aussi les grandes, ne comptent pas un nombre respectable de travailleurs devenus patrons, d'hommes qui, après avoir pris rang dans une élite professionnelle, ne s'en sont pas tenus là, mais sont entrés peu à peu dans ce que nous avons appelé l'élite sociale ? Une fois naturalisés citoyens de cette dernière, ils s'y sont fait d'autant mieux apprécier qu'ils y apportaient des connaissances mieux éprouvées, sorties en quel-sorte l'une de l'autre, sous la pression salutaire de l'action et des difficultés dont ils avaient su se rendre maîtres. Là, ils n'avaient pas seulement appris à connaître les lois naturelles qui s'imposent à toutes les variétés de l'action productrice : ils avaient appris à connaître les hommes. Le Play va jusqu'à dire que ce sont là les véritables maîtres, les véritables autorités sociales.

D'autre part, est-ce que les jeunes gens qui ont fait leurs études classiques avec suite, avec méthode, et même avec un peu de fierté pour ce qu'elles leur assuraient d'avantages intellectuels, s'en sont partout contentés ? Est-ce qu'ils se sont toujours isolés pour former une caste n'ayant ni portes ni fenêtres ? Est-ce que tous les jours on ne voit pas d'anciens élèves de l'École centrale et de l'Ecole polytechnique faire un apprentissage de chauffeurs et de mécaniciens ? Est-ce que les écoles de commerce du Navre et de Lyon n'ont pas affirmé que leurs meilleurs élèves étaient sortis de l'enseignement littéraire ? Et M. Aynard n'a-t-il pas dit : « Pour ma part, j'ai toujours remarqué que dans nos professions, tous ceux qui tenaient la tête, qui formaient l'élite, étaient des hommes qui avaient reçu l'instruction classique ! »

Ainsi, sous l'action de la vie, les générations se rapprochent. On peut même dire sans paradoxe qu'elles se rapprochent d'autant mieux que tout d'abord elles tendaient moins à se ressembler. Ayant acquis de part et d'autre des ressources très différentes, elles doivent pratiquer plus volontiers des échanges où l'harmonie dont il était question plus haut corrige les inconvénients et développe les avantages de la division du travail.

L'idée contraire est, il faut bien le dire, la marotte d'une administration centralisée qui a la prétention de fabriquer elle-même dans ses propres moules des types complets de professionnels. Admettons cependant qu'il y ait quelque chose d'acceptable dans les deux conceptions. Concédons surtout qu'il y avait lieu de former plus d'un type d'enseignement composite à mettre à la libre disposition des familles. Il eût été bon de se souvenir de plus d'un conseil donné avec tant d'autorité.

De celui-ci d'abord, émané d'un proviseur modèle, justement populaire auprès d'une suite de générations, M. Blanchet : « Je ne suis, disait-il, l'ennemi d'aucune expérience, pourvu qu'elle soit localisée. » Mot de bon sens, s'il en fut. Car qui dit expérience, dit précisément application provisoire de mesures dont on n'a pas encore éprouvé les résultats. L'imposer partout et d'un seul coup, c'est faire comme un général qui engagerait toutes ses forces à la fois sur un point encore douteux et sans se ménager une ligne de retraite.

On créait quatre types d'enseignement. Soit ! puisqu'on était généralement d'accord que l'enseignement classique devait plutôt gagner en qualité qu'en quantité. A tout le moins, pour que chacun de ces quatre types fût vivant, devait-on les constituer tous sur le modèle de la vie. Dans le serpent, tout rampe ; dans l'oiseau, tout vole ; dans le tigre et dans le lion, tout griffe et tout mord. Autrement dit, il n'y a pas d'organisme qui, dès le début, n'ait des connexions, des ajustements, un mode de développement voulu par le caractère dominant du type et en harmonie avec sa destination. Il eût donc fallu que chacun de ces types d'enseignement eût son personnel, adapté à ses exigences, dévoué à son service, attentif à tout ce qui serait de nature à le perfectionner. Parmi les moyens de réussir venait en première ligue la liberté d'enseignement, la vraie, sans tracasseries et sans traquenards, sans ruses hypocrites et terrorisantes. Alors maîtres et élèves faits les uns pour les autres se seraient rencontrés à l'appel et sous l'égide des grands groupes sociaux, des aristocraties industrielles ou commerciales, des autorités régionales. L'Etat, avec ses ressources précieuses à conserver, aurait créé à ses frais des expériences plus limitées, mais qu'il aurait toujours eu les moyens de corriger et de perfectionner. De cette manière, il n'aurait pas touché à tout avec les mêmes mains, mais il eût tout aidé et tout contrôlé.

Revenons à l'Université elle-même. Pourquoi n'a-t-elle tenu aucun compte des avis d'hommes aussi bien faits, à tout point de vue, pour être écoutés d'elle, que MM. Berthelot et Bréal ? L'un et l'autre s'entendaient pour lui recommander instamment, et presque dans les mêmes termes, des maisons, des méthodes, des catégories de professeurs distinctes. Ils la conjuraient d'avoir moins de lycées surpeuplés, plus de lycées autonomes et plus de lycées différents pour les différents genres d'études. Ils auraient pu citer l'exemple de la Prusse qui a fondé chez elle deux lycées exclusivement français, dont un à Berlin. Si on voulait que ce fût le collège qui formât de toutes pièces de jeunes élèves, déjà capables, à dix-huit ans, de converser avec un Allemand ou avec un Anglais quelconque, il fallait donc avoir quelques lycées anglais et quelques lycées allemands où, depuis le concierge et les domestiques jusqu'au proviseur, en passant par les maîtres répétiteurs, tout le monde parlât, en dehors de la classe, l'idiome adopté. Les enfants eussent été, sous ce rapport, dans des conditions se rapprochant autant que possible de celles d'un séjour à l'étranger. Ajoutons qu'ainsi les classes proprement dites eussent été débarrassées de ce souci maladroit d'enseignement direct, dont il a bien fallu, tout récemment, avouer enfin la faillite.

A son tour, la classe, la classe éducative et formative devait avoir, à plus forte raison, ses maîtres spéciaux. Pour que chacun parle bien et pense juste, il faut que chacun sache surtout bien parler sa propre langue, je veux dire celle que sa profession, son groupe social s'est choisie dans l'ensemble de la langue commune. De cette façon, chacun aime surtout à parler de ce qu'il sait, de ce qu'il connaît, de ce qu'il pratique tous les jours, et ce n'est pas, pour le rappeler en passant, le plus mauvais moyen de s'élever, par la voie de l'analogie, à une connaissance exacte du reste. Quand certains Méridionaux de pays écartés veulent parler le français proprement dit, ils se laissent aller, à propos de riens, à des locutions emphatiques et ridicules dont Alphonse Daudet est bien loin d'avoir épuisé les tartarinades. Quand ils parlent entre eux dans leur patois, ils ont des finesses d'observation et des malices à rendre des points au plus spirituel de leurs railleurs. Les femmes ont depuis longtemps la réputation de bien parler et de bien écrire le français ; pourtant, dit-on, elles ne savent pas le latin. Sans doute, mais quoiqu'elles parlent beaucoup, on peut généralement dire d'elles ce que Mme de Rémusat dit si finement de l'impératrice Joséphine : « Son éducation avait été assez négligée, mais elle sentait ce qui lui manquait et ne compromettait pas sa conversation : elle trouvait aisément à dire les choses qui plaisent. » Les hommes ne se préoccupent pas autant de plaire et ils ont, — jusqu'ici du moins, — des sphères d'action infiniment plus étendues ; ils y touchent bon gré mal gré à beaucoup plus de choses et ils y sont bien obligés, eux, de « compromettre » leurs conversations et leurs écrits. Or, il n'y a rien de plus compromettant que d'essayer de sortir, — prématurément ! — de sa sphère, c'est-à-dire de son âge, de sa condition, du cercle bien arrêté des études auxquelles il faut s'être donné d'abord à peu près tout entier.

J'ai été sept ans professeur de lycée. Je me rappelle les classes supplémentaires que, pour nous assurer notre maximum, on nous faisait faire à l'enseignement dit spécial. Les professeurs de troisième, de seconde, de rhétorique, d'histoire, de philosophie y passaient tour à tour. Le résultat était déplorable. C'est qu'inévitablement nous parlions à ces élèves d'une heure le langage auquel nous étions habitués le reste de la semaine ; nous ne pouvions nous défendre de suivre le même mouvement d'idées, de nous expliquer par le même genre de rapprochements, de citer les mêmes exemples et de faire allusion aux mêmes théories. Nos explications ne faisaient donc que créer, pour quelques instants, autour de l'attention de nos élèves, une sorte d'atmosphère nébuleuse ; quand elle était dissipée, il ne restait que du vide, ou, ce qui était pire encore, des interprétations, des confusions dont nous avions le plus grave tort de rire, car nous en étions en grande partie responsables. Et cependant, j'ai le souvenir très net que tel juge excellent, universitaire dévoué, esprit très libre, avait une prédilection bien connue pour les candidats que les frères des Ecoles chrétiennes de Dijon lui présentaient à l'examen final de ce même enseignement. Là, maîtres et élèves obtenaient des succès que nous ne pouvions pas ignorer. C'est que, là, maîtres et élèves parlaient, les uns moins bien, les autres mieux, un même langage et travaillaient ensemble régulièrement sur les mêmes conceptions dont se trouvait forcément exclu tout ce qui les eût empêchées d'être cohérentes. En toute chose, il vaut mieux se procurer un spécimen achevé d'un ordre inférieur que prétendre à un produit mal ébauché d'un ordre jugé plus élevé, et jugé tel avec raison, quand il est tout ce qu'il doit être. Est-ce là parquer les gens à tout jamais dans des sphères inégales ? nullement ; c'est, au contraire, indiquer à chacun le moyen de s'élever de l'une à l'autre, s'il est vraiment doué des qualités nécessaires, et s'il veut bien se servir de ce qu'il a appris dans l'une pour essayer de pénétrer utilement dans l'autre.

L'idée de mettre tous les types d'enseignement ensemble en un même établissement devait conduire l'administration à mettre toutes sortes de professeurs indistinctement au service des différents types. C'est ce qu'on a fait. Tel professeur va enseigner le latin à ceux qui en font peu comme à ceux qui en font beaucoup, aux élèves de A, aux élèves de C du second cycle ; un de ses collègues enseignera de même le français, ici et là, à des élèves entrés dans des systèmes d'études différents, parvenus à des étapes différentes. Chaque jour de la semaine, l'un et l'autre voient défiler devant eux des variétés d'auditeurs qu'il a tout juste le temps de connaître à la fin de l'année, si toutefois ils ont pu eux-mêmes se sentir encouragés à se montrer tels qu'ils sont.

Dans ces conditions, il n'a point le loisir de proportionner son enseignement à la force de sa classe ; il n'a pas de classe à lui. Allant

des uns aux autres, il n'a point le contact suivi, donc point le « tact »
de leurs dispositions et de leurs aptitudes. Il prend machinalement
une certaine moyenne que lui conseille ou son goût personnel
ou son désir de simplifier ses efforts. Il est au-dessus des uns, au-
dessous des autres ; à la rigueur, il peut s'assurer que tels ou tels
élèves ont appris ; il n'a pas le loisir de s'assurer qu'ils ont compris,
ce qui serait cependant l'essentiel.

La conception maîtresse de ce système compliqué n'a été autre
que le désir d' « utiliser » tous les maîtres d'un même lycée en
leur imposant à tous des bouts de classes destinés à boucher des
trous partout. Plus ces bouts sont courts et nombreux, plus il est
facile de les caser, de même que plus des morceaux de charbon
sont menus, plus il est aisé de remplir les interstices du sac où on
les remue pour les tasser. On a poussé si loin ces émiettements
que, dans certains lycées de Paris, il s'est trouvé des classes où deux
professeurs différents enseignaient le français, l'un en corrigeant les
devoirs, l'autre en expliquant les auteurs ; ailleurs, l'enseignement
philosophique s'est vu également coupé en deux, un maître
enseignant la psychologie et la morale, un autre la logique et la
métaphysique. Un agrégé m'explique, par les tableaux du service
où il est inséré, que ses élèves peuvent recevoir en un même jour
six enseignements différents, en tout cas, jamais moins de cinq : à 8
heures du matin, histoire ; à 9 heures, mathématiques ; à 10 heures,
latin ; à 2 heures, français ; à 3 heures, langues vivantes ; le lundi,
ils auront en plus une heure d'histoire naturelle. Quand celui qui
me renseigne prend les enfants à 2 heures pour leur faire la classe
de français, ils n'apportent ni leçons sues, ni textes préparés : en
revanche, ils sont abasourdis et inertes, incapables d'aucun effort
personnel. Quelques-uns plus vaillants, qui veulent arriver à tout
prix, s'épuisent : le reste laisse passer le tourbillon et, comme le sage
d'Epicure, se réfugie dans une sorte d'impassibilité. Si le maître
a pitié d'eux, il leur donne, au début, un quart d'heure de repos,
qu'ils peuvent consacrer à lire au moins leurs leçons. Que reste-t-il
pour les instruire et les redresser, sur l'heure unique de la classe ?
Et que seront-ils pour la classe suivante ? Cette suppression, à peu
près générale, du professeur principal, chargé de suivre, au moins
pendant un an et dans la plus grande partie de leurs exercices, les
mêmes élèves, voilà certainement ce qui était le mieux fait pour

tuer un système d'études, si pavé de bonnes intentions qu'il pût se prétendre.

Il y a dans notre langue, — non seulement dans la langue de la pédagogie, mais dans la langue commune, — un mot qu'il faudrait bien ramener, comme beaucoup d'autres, à son sens plein, ne craignons pas de dire à son grand sens. On dit : « Tel professeur fait sa classe. » Oui, certes, il faudrait bien qu'il la fît et en quelque sorte la créât, en discernant, en encourageant, en formant ceux qui étaient si justement dénommés tête de classe : c'est deux qu'il devrait ensuite se servir pour donner la vie au corps tout entier, y compris même la queue. Mais nulle part on ne souffre qu'il soit question d'une élite, et si un élève est à même de servir de modèle, il faut se garder de le nommer. D'un bout de la France à l'autre, les professeurs doivent rendre compte des devoirs de la même façon : expliquer comment le sujet devait être compris, classer en deux ou trois catégories les essais qui se sont approchés ou écartés de l'intelligence voulue, mais s'abstenir soigneusement de désigner aucun des auteurs. Il ne faut pas d'émulation ! Je connais un héritier des anciennes traditions qui, pour s'être légèrement écarté de cette consigne universelle, s'est vu sévèrement réprimandé.

Et cependant l'esprit d'une classe, — pour qui est désireux qu'il y en ait un, — est bel et bien le résultat d'une sorte de collaboration entre le maître et les bons élèves : c'est par l'intermédiaire des mieux doués, c'est par leurs questions et leurs, réponses, c'est par l'éloge de telle partie de leurs devoirs, que l'on fait pénétrer dans l'intelligence des autres une grande partie de ce qu'elle retiendra le plus volontiers. C'est dans ce milieu commun que puise la masse beaucoup plus que dans la seule parole d'un homme placé peut-être trop au-dessus d'elle. Que ceux qui gouvernent de haut l'Université méditent ces paroles de l'un de ses grands-maîtres, de M. Combes, le vrai, l'illustre M. Combes. Se souvenant sans doute encore un peu du texte de l'Évangile : « Je connais mes brebis et mes brebis méconnaissent, » il disait devant la Commission : « Le professeur est en réalité l'âme de sa classe : c'est lui qui, prenant un élève au début de l'année, le suit chaque jour dans son travail, le dirige vers un but qu'il connaît, indue sur lui, développe ses qualités. Dans l'enseignement classique,[1] il lui enseigne le français, le latin, le

---

1 Dans celui d'autrefois, tel qu'il était encore au moment de cette déposition.

grec. Nous n'avons pas cette unité dans l'enseignement moderne. Je voudrais que le professeur mis à la tête de l'enseignement moderne réalisât la même unité intellectuelle et morale que le professeur de l'enseignement classique. »

Il était facile de railler les récitations de leçons, les sujets de devoir, les explications d'autrefois, facile aussi de dire que les classes de deux heures étaient longues. Les classes d'une heure multipliées sont assurément plus énervantes, parce que tout s'y fait au galop, sans rien de personnel et de vivant et que, sous prétexte que chacune, prise à part, est plus courte, on en impose beaucoup plus. En général, l'ensemble a été porté à un nombre d'heures qui va de 22 à 26 par semaine, au lieu des 20 d'autrefois, ce qui fait qu'il ne reste plus grand'chose pour la lecture, pour la préparation des textes et pour la composition. Les classes de deux heures, lorsqu'elles étaient confiées à un seul maître vraiment responsable, avaient une diversité d'exercices qui les rendait parfaitement supportables. Dans les versions et dans les discours, dans les explications, dans les questions, dans les réponses, elles voyaient se succéder des occasions variées de ramener des esprits légers au respect d'un petit nombre de principes éducatifs fondamentaux : « Il ne faut jamais passer à une idée sans avoir clairement exprimé l'idée qui est faite pour la préparer, pour l'amener. Ce qui est obscur a toutes les chances possibles d'être faux ; or voici la preuve que telle phrase est obscure : celui qui l'a écrite ne peut pas en rendre compte. Pour réfuter une assertion, un raisonnement, pour montrer que tel fait a été mal observé, tel phénomène inexactement décrit, il suffirait de prouver que c'est mal dit.[1] Une locution qui se refuse à l'analyse est essentiellement vicieuse et qui empêche celui qui s'en sert de se rendre compte de ce qu'il dit et de ce qu'il pense… ou croit penser. » Lutte contre le texte qu'il s'agit de comprendre et de rendre, lutte contre ses propres incertitudes ou contre ses excès de confiance, reprise incessante d'ébauches qu'il s'agit de mener à une forme intelligente, telle est, en somme, l'éducation classique. Si à ces fins elle se sert des plus belles pages des littérateurs consacrés, si elle gradue les difficultés sans en chercher d'inutiles et de fausses,

---

1 Albert Sorel, dont j'ai eu l'honneur d'être le condisciple, exposait un jour à Leconte de Lisle cette partie de la méthode de notre commun maître. « Eh bien, rien que pour cela, lui dit l'illustre porte, je vous affirme que vous avez eu un grand professeur. »

c'est l'idéal.

L'ancien ministre avait donc cent fois raison en repoussant une sorte de séparation entre l'âme du maître et l'âme de sa classe. Comment son vœu a-t-il été entendu ?

L'ancien enseignement moderne, dont tout le monde avait dénoncé l'illogisme et déploré l'insuffisance est censé ne plus exister. Il a revécu cependant dans toute la seconde section du premier cycle, dans la section D du deuxième (sciences-langues vivantes). Il prédomine encore dans la section C (latin-sciences) et surtout dans la section B (latin-langues vivantes). Visiblement on a voulu le ranimer et le favoriser au détriment de ce qui reste de la tradition du latin-grec. Qu'est-il résulté de ces combinaisons si compliquées ?

Il ne nous en coûte pas de reconnaître qu'au point de vue le plus important, le latin-grec est demeuré par la force des choses relativement privilégié : c'est lui qui, surtout dans les années du premier cycle, a pu conserver quelque chose de l'institution d'un professeur principal, d'un professeur de classe. N'y eût-il que cette raison pour déterminer les pères de famille intelligents à lui confier leurs enfants, qu'elle suffirait et au-delà. Les succès aux examens sont d'ailleurs là pour le prouver. Le *Bulletin officiel du ministère de l'Instruction publique* donnait ainsi, l'année dernière, le pourcentage des réceptions à la session de juillet. Le latin-grec et le latin-sciences, les deux types les moins éloignés de la tradition classique, offraient 47 et 48 pour 100 de candidats reçus. Le latin-langues n'en donnait que 41 et la section sciences-langues vivantes 38.

Cependant, à bien des égards, l'enseignement classique est traité comme s'il fallait lui faire payer cette supériorité. Pourquoi, dans les débuts, cette obligation imposée aux enfants, de choisir entre un enseignement avec latin et un enseignement où le latin est remplacé par un surcroît de calcul et de sciences naturelles ? On est ici au lycée, ne l'oublions pas, c'est-à-dire dans un établissement où l'on sait que les familles pourront faire faire à leurs enfants des études prolongées. Comme me le fait observer un père de famille qui est en même temps un très savant économiste, c'est la seule chose dont on soit sûr, et c'est la seule dont on ne tienne pas compte dans cette spécialisation prématurée. On veut, dit-on, que les élèves puissent venir au lycée pour un temps et s'en aller ensuite, à leur guise, avec un bagage soi-disant complet, et on veut aussi qu'ils puissent à leur fantaisie passer d'une section dans une autre. Mais ce ne sont là, — l'expérience le prouve, — que des abandons ou des changements de vocation bien accidentels ; il est désastreux de disposer tout un ensemble de manière à sacrifier ceux qui restent, c'est-à-dire la très grande majorité, au petit nombre de ceux qui quittent des études une fois commencées.

Il faut, paraît-il, que les élèves des écoles primaires puissent venir, à un moment donné, dans telle ou telle section sans s'y trouver ni dépaysés, ni surmenés, ni menacés d'infériorité, et il faut que ceux d'entre eux qui voudront partir plus tôt que les autres ne s'en aillent point sans avoir acquis, par exemple, une connaissance suffisante, — dit-on, — de l'histoire tout entière. C'est pourquoi on commence par enseigner aux enfants l'histoire universelle en deux ans (toute l'histoire ancienne des peuples de l'Orient, toute l'histoire grecque et toute l'histoire romaine en une année). Pour les élèves qui continueront leurs études, on recommencera l'histoire universelle. C'est là une pratique qui sacrifie absolument l'éducation historique des uns comme celle des autres ; car de ces notions superficielles que peut-il rester ? On commence par tout effleurer ou plutôt par tout déflorer, sans attendre que d'autres études aient provoqué la curiosité de l'élève et lui rendent plus facile la compréhension des événements.

C'est ce qu'on fait d'ailleurs pour beaucoup de notions scientifiques. Sous prétexte de géographie, on prétend initier des bambins à la science encore mouvante de la géologie, — ce dont les savants compétents se sont plaints avec une certaine vivacité. On a supprimé cette étude des lieux particuliers qui faisaient accomplir aux en fans, sur les cartes, comme des voyages imaginaires : on remplace cette vision, — indispensable,[1] — par des considérations d'océanographie, par des théories sur les glaciers et ainsi de suite. De même en histoire, on remplace la suite des faits et l'action des grands personnages par des résumés sociologiques sur les

---

1 Il n'y a pas bien longtemps, un candidat au baccalauréat ayant mis Pékin en Tunisie, l'un des juges fit observer à ses collègues, programmes en main, que le candidat n'était pas tenu d'en savoir davantage : le jury s'inclina.

différentes classes, sur la vie de la noblesse, sur celle du tiers-état, sur celle du clergé. En retour, quand l'élève de latin-grec arrive dans les hautes classes, on diminue pour lui la culture scientifique, laquelle eût très bien marché de pair, par exemple, avec la culture philosophique. On semble lui dire : Puisque tu as voulu de ces études vieillies, qui ne sont plus bonnes qu'à former des érudits, renonce à tout le reste. On lui rend alors beaucoup plus difficile le passage final aux études scientifiques ; on arrête ce recrutement de choix où les mathématiques spéciales et les grandes écoles trouvaient les meilleurs de leurs élèves, chez ceux qui avaient fait de solides études littéraires. Enfin, par une étrange contradiction, l'affaiblissement prodigieux de la licence ès lettres et des concours de l'Ecole normale (où l'on peut arriver sans aucune connaissance du grec) enlève à ces études littéraires elles-mêmes une grande partie de leur attrait et de leur sanction.

Nous venons de parler des études scientifiques. Enseignées d'une certaine manière et à leur heure, elles ont toujours fait partie de l'enseignement classique. Aussi affirme-t-on que les professeurs les plus mécontents de l'anarchie présente, ce sont les professeurs de mathématiques : ils sont plus irrités encore que les professeurs d'humanités. Ils disent couramment entre eux que leurs élèves ne savent plus comprendre l'énoncé d'un problème ; il faut le leur répéter, le leur expliquer trois ou quatre fois. Pourquoi ? Parce que ces élèves n'ont pas pris l'habitude de réfléchir au sens précis et à l'enchaînement logique des signes (que ce soient des mots ou des chiffres). Ne soyons donc pas surpris que ce soient des professeurs de mathématiques qui aient qualifié leurs collègues de langues vivantes de « professeurs d'irréflexion. »

Le professeur de langues vivantes en effet est celui auquel on a le plus sacrifié : c'est à lui qu'on a donné le plus grand nombre d'heures. Si dans tels ou tels lycées choisis, on obligeait le professeur d'anglais ou d'allemand à être au moins licencié ès lettres ou à passer un examen le montrant apte à un enseignement grammatical, littéraire, historique et qu'ensuite on lui confiât la direction générale de la classe replacée dans son unité, rien n'empêcherait, pour le répéter, d'en attendre de bons résultats. Mais après la « réforme » de 1902, on a imposé aux maîtres de langues la méthode directe, celle qui attache les mots aux objets vus et regardés. Un professeur, par exemple, installera au milieu de la classe un porc ou un veau en carton et en disséquera, pour ainsi dire, les diverses parties en les nommant et en le débitant, comme s'il était boucher ou charcutier. Une telle méthode peut être bonne pour donner à un adulte une connaissance assez rapide de la partie de la langue qu'il veut apprendre en vue d'un but déterminé. Il est clair qu'elle n'a aucune espèce de valeur éducative. Elle fait perdre aux enfants l'habitude d'orthographier les mots (ils ne font attention qu'au son) et d'en analyser le sens. Ils se contentent de noter ceux qui désignent les choses : ils ne font aucun effort pour trouver ceux qui ont servi à les définir et à les classer. Ajoutons enfin qu'il est utopique de prétendre exercer à la conversation trente élèves réunis dans une classe d'une heure. Inutile d'insister : l'erreur semble aujourd'hui reconnue, avouée. Seulement, on ne la réparera pas sans reprendre le système entier par la base.

Nier qu'il en ait besoin est impossible. Ce sont les juges ayant en main l'autorité qui, dans des rapports rendus publics, signalent, comme celui d'Aix-Marseille, la « déplorable médiocrité des compositions écrites, » « les puérilités, les niaiseries » que les candidats y accumulent, « ne se souciant même pas Je développer le canevas proposé. » Le même danger signale la désorganisation de la licence ès lettres comme ayant « couronné l'œuvre du réformateur de 1902, » car elle a exagéré les spécialisations inaugurées par les fameux cycles du baccalauréat et « donné le coup de mort à la culture générale. »

Le doyen de la Faculté de droit de Lille écrit de son côté : « Les meilleurs de nos élèves ne savent pas écrire. Le mal ne date pas d'hier, mais il est aujourd'hui à l'état aigu. A la Faculté de droit, le professeur qui corrige une dissertation juridique doit d'abord être un professeur de français et apprendre à ses élèves les règles les plus élémentaires de style et de syntaxe. Que dis-je ? il doit même leur enseigner l'orthographe. » Voilà pour le Midi et pour le Nord. A Dijon, le doyen de la Faculté des lettres tient à signaler « l'espèce d'effroi » qui le saisit, lui et ses collègues, en présence des copies qu'ils ont à lire : « nulle composition, ignorance du sens des mots les plus simples, complet mépris de l'orthographe, des accents et de la ponctuation, emploi du jargon des journaux de sport et de crimes, tels sont les défauts ordinaires. » Dans les langues vivantes, « 80 pour 100 des copies offrent un bizarre assemblage de solécismes, de gallicismes, de naïvetés et de sottises. » Aussi le recteur lui-même conclut-il de ces rapports et de son expérience personnelle : « Le mal est évident, il gagne de proche en proche. Pour l'enseignement supérieur qui recrute ses étudiants parmi les bacheliers de nos lycées et de nos collèges, comme aussi pour l'enseignement secondaire qui recrute ses professeurs parmi les étudiants de nos facultés, il est grandement désirable qu'on y porte, si possible, un prompt remède. »

* * *

Va-t-on donc remettre encore une fois en chantier tous les programmes ? Va-t-on dépecer une fois de plus l'histoire, la géographie, la littérature, les sciences, puis déplacer tel ou tel enseignement, reporter celui-ci dans une classe, celui-là dans une autre ? Va-t-on, sous prétexte de simplification, supprimer certaines « matières » qu'on ne manquera pas d'ailleurs de remplacer par de nouvelles ? Tout cela serait lâcher la proie pour l'ombre. Tout cela serait oublier que le mal n'est pas dans tels ou tels paragraphes d'une paperasserie ministérielle ; il est plus profond, il s'est sans doute insinué dans les détails compliqués d'une organisation à bien des égards artificielle ; mais il a surtout sa source dans la dispersion, dans l'évanouissement, dans l'extinction à peu près complète de ce qui devrait en être l'âme vivifiante, à savoir, le professeur maître d'une classe, de sa classe.

Quels sont les faux calculs, quelles sont les inextricables difficultés qu'a amenés cette suppression ? Qu'est-ce que le rétablissement qu'on en déciderait exigerait à son tour de remaniements ? Ceci est une question de technique pédagogique et de technique administrative, qui exigerait des discussions très minutieuses. Ce qui domine tout, c'est la nécessité de se rappeler ce que c'est que la formation d'un adolescent à élever. De lui-même, l'enfant parle, agit, joue, chante, dessine, craint et désire, jouit et souffre, aime celui-ci, hait celui-là, un peu au hasard. Dans tout cet essor de sa vie naturelle, il faut introduire de plus en plus d'ordre et de raison, c'est-à-dire de conscience. Il faut qu'il apprenne à parler de manière à se faire comprendre, à se comprendre lui-même, à comprendre enfin de mieux en mieux la nature, l'humanité, leurs œuvres respectives. Il faut qu'il apprenne à désirer et à craindre ce qui mérite en effet d'être craint et d'être désiré : il faut qu'il apprenne à faire difficilement ce qu'il a fait d'abord au petit bonheur et en se jouant. Ce n'est que quand ses tendances auront été ainsi amendées et rectifiées qu'elles pourront aller rejoindre les habitudes servant à ménager les efforts pour les luttes toujours renaissantes de la vie. Raisonner une idée, une parole, une résolution, un acte enfin et le comprendre, s'y habituer après avoir compris que c'était là le meilleur, faire servir ensuite cette habitude à une préparation plus aisée de nouvelles conquêtes, telles sont les phases de l'éducation. Pour qu'elles se suivent et aboutissent, il faut un maître, c'est-à-dire un homme capable, dans la société qu'il forme avec ses élèves, d'assurer la continuité des efforts et l'unité de la méthode.

Demandera-t-on où seront les sanctions de cette responsabilité du maître principal ? Un peu dans les jugements de ses supérieurs, beaucoup plus dans le sentiment qu'on lui aura rendu de l'honneur de sa tâche. Elles seront enfin dans la liberté de choix laissée aux familles et aux organisations sociales dont il leur plaît de se servir.

Quels que soient les pouvoirs qu'on se flatte d'avoir en mains, vouloir suffire à tout, partout, avec le même personnel, c'est se condamner à ne suffire à rien : et l'oppression plus ou moins déguisée qu'on exerce au dehors ne compense sur aucun point, — tant s'en faut, — l'anarchie qui se développe au dedans.

ISBN : 978-1986443241

www.ingramcontent.com/pod-product-compliance
Lightning Source LLC
Chambersburg PA
CBHW051858250726
48659CB00006B/2276